Quora Marketing

Sommario

Introduzione 3

La storia di Quora in breve 4

La logica di funzionamento di Quora 5

Ottimizzazione del profilo personale in Quora 9

Porre le domande giuste aiuta a crescere 14

Inbound marketing tramite risposte alle domande 15

Anche su Quora la formattazione del testo ricopre una certa importanza 17

Miglioramento della propria brand awareness 19

Monitoraggio delle performance ed errori da evitare 20

La creazione di titoli accattivanti 24

    Rivitalizza i tuoi post 25

    Altro su Quora 25

Conclusioni 27

Introduzione

Oggigiorno, le reti sociali rappresentano per le aziende e per i professionisti di qualsiasi settore un'opportunità davvero incredibile per acquisire traffico e visibilità per ciò che concerne il loro sito internet e Quora, piattaforma basata su domande e risposte considerata all'unisono l'evoluzione di Yahoo! Answers, non è di certo un'eccezione.

La storia di Quora in breve

Creata da due ex dipendenti Facebook, Charlie Cheever e Adam D'Angelo nel giugno del 2009 a Palo Alto, dopo il lancio in versione beta avvenuto nel dicembre dello stesso anno, Quora è stata resa accessibile per il pubblico il 21 giugno del 2009. La sua mission è stata spiegata proprio da Adam D'Angelo, dimessosi intanto in qualità di Chief technical officer di Facebook: assicurare uno standard qualitativo soddisfacente con un sito internet basato sul meccanismo di domande e risposte. Leggendo i numeri, Quora sembra avercela fatta, visto che a lungo andare il numero degli iscritti è costantemente aumentato, superando il traguardo dei 500.000 nel gennaio del 2011. Oggi ne conta grosso modo 300 milioni (dato aggiornato al settembre del 2018), di cui 50.000 in Italia.

La logica di funzionamento di Quora

Come funziona Quora? Come già anticipato, mediante domande e risposte che vengono generate dagli utenti che, di fatto, sono protagonisti a tutti gli effetti di un mercato della conoscenza online. Con questa valida piattaforma online, la condivisione di conoscenze eterogenee diventa fattibile, perché gli iscritti hanno esperienza e passione su un determinato argomento. E' proprio la qualità delle risposte ai quesiti che rende unico la logica di funzionamento di questo sistema che può essere considerato come una vera e propria piazza virtuale dove interagire con un pubblico estremamente profilato su una determinata tematica, in grado di dare le giuste risposte al diretto interessato, nel momento in cui costui ne ha l'effettiva necessità. Considerare Quora come uno strumento di marketing diventa possibile in quanto la piattaforma online consente di costruire relazioni con professionisti autorevoli nei settori più disparati. Il confronto, lo scambio di idee e la ricerca di validi suggerimenti sono aspetti raggiungibili in modo immediato, così come l'ottenimento di informazioni attinenti sul proprio pubblico di riferimento. Il tuo mercato è di sicuro adatto, visto che gli argomenti trattati sono davvero i più disparati, dallo sport al fitness, dalla storia alla filosofia, dall'alimentazione alla finanza, dalla tecnologia al digital marketing, dai programmi televisivi all'intrattenimento e via dicendo. Una comunità di professionisti, il cui intento primario è quello di aiutarsi reciprocamente. È questa forse la definizione che meglio inquadra Quora e il suo funzionamento.

Quora come strumento di marketing: quali sono le motivazioni che possono indurre l'utente ad avviare una strategia vincente?

Lo scopo di Quora è quello di connettere tutti gli utenti che hanno una conoscenza approfondita di un argomento con tutti gli iscritti che hanno quesiti da porre sull'argomento. Lo scopo è totalmente incentrato sullo sviluppo di una conoscenza di ogni tipologia, dove la piattaforma online deve assicurare ai diretti interessati la possibilità di reperire informazioni accurate, irraggiungibili in altre modalità. Il modo di fare marketing mediante Quora, di fatto, verte sulla diffusione di conoscenza e non sulla promozione di prodotti e servizi. In questo caso, infatti, vi sono altri canali, online e off-line decisamente più adatti. Su Quora, quindi, non è di sicuro il ROI sulla vendita l'obiettivo numero uno, ma l'ottenimento di insights sul proprio target di riferimento: un account estremamente attivo, oltre a garantire per forza di cose relazioni frequenti ed interazioni costanti con gli altri iscritti della community, consente di proporre dei contenuti nelle risposte ai quesiti e nell'avviare un canale di diffusione che permette l'immediato riconoscimento del proprio marchio attraverso l'alto livello di esperienza evincibile dalla qualità delle risposte date nel settore di riferimento.

La reputazione online passa dai social network e Quora ne è parte integrante

Chi desidera migliorare la propria reputazione online, creando quella che nel marketing viene denominata brand awareness, troverà di sicuro in Quora una piattaforma online utile ed estremamente interessante. Le risposte accurate e dall'alto livello qualitativo ai quesiti degli iscritti consentono da un lato la possibilità di sfoggiare approfondite competenze settoriali e dall'altro l'opportunità di creare traffico per il proprio sito internet mediante la logica della condivisione dei contenuti. Solo una strategia di marketing pianificata nei minimi termini può garantire il raggiungimento di ottimi risultati.

Ecco pertanto nel dettaglio alcuni dei punti fermi da tenere altamente in considerazione.

Ottimizzazione del profilo personale in Quora

La creazione di un valido profilo su Quora, così come su qualsiasi social network, è fondamentale ai fini dell'interazione con gli altri iscritti. Il motivo? Presentarsi agli utenti, indicare le proprie competenze in materia e segnalare la motivazione effettiva per cui dovrebbero fare affidamento proprio su di te è il miglior biglietto da visita possibile e immaginabile ai fini di una strategia di marketing che dia i suoi frutti. Pertanto, la scrittura di una biografia specifica, l'inserimento del link del proprio sito web nella descrizione personale, l'ottimizzazione delle proprie qualifiche e infine la creazione di un topic per il proprio marketing sono il principale trampolino di lancio per un successo assicurato su Quora.

Addentrandoci nei particolari:

- la scrittura di bio specifiche assicura la possibilità di mettere in risalto le conoscenze possedute. In relazione ai quesiti a cui si risponde, Quota assicura la modifica delle informazioni personali. Come? Una volta inserita la risposta di riferimento, sarà sufficiente un click sul tasto Modifica qualifiche e, per ognuna di queste si potrà agire direttamente mediante l'apposito pop-up che andrà ad aprirsi.

- L'inserimento del link del proprio sito web nella descrizione garantirà valore in ambito SEO e maggiore traffico. Lo stesso discorso è valevole anche per il collegamento diretto alle proprie pagine social.

- L'ottimizzazione delle qualifiche ruota tutto sull'inserimento delle keyword. Le parole chiave devono essere semplici da raggiungere per gli internauti che effettuano una ricerca online. Il limite di 50 caratteri è conditio sine qua non. Ergo, essere sintetici ma al tempo stesso precisi tramite l'aggiunta di quanti più dettagli utili per i visitatori del proprio profilo si rivela assai vantaggioso.

- Infine, la creazione di un topic inerente al proprio marchio, con il nome dell'impresa, consente agli utenti di dire la propria sul prodotto o sul servizio offerto e di fare domande.

Insomma, marketing a costo zero.

- La ricerca dei quesiti più pertinenti e più rilevanti sull'argomento di riferimento

A seguito dell'ottimizzazione del profilo personale, ai fini di una vincente strategia di marketing mediante Quora, è opportuno trovare i giusti quesiti a cui rispondere. Urge sapersi districare nel mare magnum delle domande che sulla piattaforma online sono di sicuro tantissime. Come trovare quelle più pertinenti e maggiormente rilevanti sulla tematica di interesse? È sufficiente accedere alle FAQ del topic ed il gioco è fatto. Intuitività, velocità e zero spreco di tempo:

non c'è metodo più pratico di questo in quanto al passaggio in rassegna delle domande più interessanti che riescano a generare conversazioni continuative anche nell'ottica del lungo termine. Anche se al dato quesito sono in molti gli utenti che hanno risposto, non demordere ed esprimi la tua senza indugi. Se sarai in grado di sfoggiare affermate competenze nel settore, non avrai problemi nell'ottenere subito feedback positivi che ti garantiranno l'ascesa a posizioni migliori.

Per trovare i quesiti pertinenti, comunque, vi è anche il classico metodo di ricerca mediante l'apposita barra con cui filtrare risultati per keyword e per lasso di tempo, ad esempio nell'ultimo mese se si desidera stare sull'attualità, è cosa assai pratica. Infine, anche la ricerca dei quesiti evergreen con oltre 1.000 visualizzazione è sinonimo di maggiore esposizione. Un'altra forma di marketing utile per farsi conoscere in Quora. Non trovi anche tu?

L'abilitazione delle notifiche, infine, si dimostra altamente pratica in quanto ad incremento del livello di notorietà del marchio personale e della propria professionalità sulla piattaforma online. Per crescere è essenziale restare aggiornati sulle tematiche attinenti al settore d'interesse.

Porre le domande giuste aiuta a crescere

Anche gli utenti più esperti chiedono su Quora. Chi è che non fa domande, d'altronde? La crescita passa anche dal saper porre i quesiti nel modo giusto e nello stimolare la conversazione tra gli utenti esperti in un dato settore. Di certo, le risposte non tarderanno ad arrivare a fronte di quesiti interessanti.

Inbound marketing tramite risposte alle domande

Un'efficace strategia con Quora è quella dell'inboubd marketing, consistente nel rispondere in maniera sì accurata, ma al tempo stesso semplice nel linguaggio ed esaustiva nei contenuti. Tutti devono capire ciò che viene comunicato. Non solo i professionisti del settore, ma anche la casalinga di Voghera. Ergo, l'utilizzo di un linguaggio troppo sofisticato o ancora troppo generalista non sono di certo il top per avere successo in Quora. Una risposta chiara che magari rimandi tramite link ad approfondimenti e a divagazioni di contenuti a tema, pubblicati sul proprio sito internet è di sicuro scelta vincente a livello di visibilità. Per far breccia tra gli utenti di Quora, può essere utile rispondere in modo semplice ed esaustivo su un tema, indicando alla fine di quanto scritto il classico anchor text per maggiori approfondimenti, puoi controllare quanto ho già scritto nel mio sito internet, inserendo l'apposito link. Tracciare poi i collegamenti diretti ti offrirà l'opportunità di monitorare in maniera assai precisa il traffico web proveniente da Quora. Con questa strategia efficace di inbound marketing, la conoscenza sarà un valore aggiunto per tutti i tuoi utenti profilati, perché se ciò che scrivi piace, molti internauti saranno invogliati a cliccare sul link di rimando al tuo sito internet. E i contenuti da te pubblicati ne beneficeranno in ottica SEO per via della link building. Se a lungo andare ti dimostrerai high professional su quella tematica, saranno gli iscritti a Quora che ti interpelleranno in prima persona per sapere il tuo pensiero. Tu dovrai limitarti solo a trasmettere in modo approfondito le tue conoscenze, rispondendo agli appositi quesiti. Tutte le domande a te rivolte, potrai visualizzarle all'interno della barra a sinistra. Tirando le somme, ad un maggior numero di voti positivi ottenuti dalle tue risposte corrisponderà una maggiore permanenza in una posizione superiore sul feed. Ergo, godrai di maggiore visibilità agli occhi dei visitatori.

Anche su Quora la formattazione del testo ricopre una certa importanza

Minimalista è l'aggettivo che meglio descrive il design di Quora. Tuttavia, oltre ad un testo ben strutturato e facilmente comprensibile da tutti, anche la formattazione gioca un ruolo cruciale. Nello specifico, per la logica che il valore di un'immagine sia superiore a quello di mille parole, l'inserimento di foto in alta risoluzione all'interno di un layout ben curato ti aiuterà moltissimo nel far emergere le tue risposte, differenziandole da quelle fornite da altre utenti. Non è un caso se molti tra i principali influencer di questa valida piattaforma online facciano ampiamente ricorso ad immagini e a schemi che da un lato servono a spiegare meglio i contenuti salienti, ma dall'altro hanno anche l'importante scopo di captare l'attenzione di chi legge i contenuti. Lo stesso dicasi per un testo ben formattato con grassetto, corsivo, bullet point e link utili. Sono infine molti gli utenti che menzionano altri utenti di Quora. Beneficiare di segnalazioni positive non può che far piacere, oltre che assicurare importanti risultati. Questo aspetto finisce inevitabilmente per creare interazioni e relazioni tra gli utenti autorevoli di Quora. Una strategia di marketing relazionale, rigorosamente a costo zero, dove gli utenti creano valore contribuendo in modo diretto a rispondere in maniera affidabile sui settori in cui si dimostrano ampiamente competenti.

Miglioramento della propria brand awareness

Su questa piattaforma online il più delle volte le tematiche sono strettamente connesse a marchi specifici. Se hai un'azienda o se sei un professionista esperto in un dato settore, cosa aspetti a sfruttare al meglio Quora per dare valore al tuo brand. Non è forse Quora una rete sociale libera ed utilizzabile da tutti? Chiaro che sì. Per questo motivo, stimolare la curiosità degli iscritti sui valori cardine della tua filosofia aziendale, sulle novità di prodotto, sulle promozioni in corso è un modo utile per farsi conoscere, diffondendo conoscenza. Una buona fetta della tua reputazione online, su Quora te la vai a costruire dialogando ed interagendo proprio con gli esperti di settore. Sfrutta questa vantaggiosa possibilità e vedrai che a lungo andare pagherà in positivo. Poco ma sicuro.

Monitoraggio delle performance ed errori da evitare

Per una strategia vincente su Quora, è assai utile tenere sotto controllo gli indicatori delle proprie prestazioni, cercando di capire dov'è che è possibile effettivamente apporre concreti miglioramenti. Esamina le analitiche delle domande a cui hai dato risposta e trai le conclusioni su quali aree ti danno maggiore soddisfazione rispetto alle altre. Sta poi a te scegliere quali categorie di questa rete sociale tenere in considerazione per la diffusione di contenuti. Sulle aree in cui è opportuno fare dei miglioramenti, avrai di sicuro molto da lavorare. Inoltre, tieni a mente che in fase di performance ci sono tutta una serie di errori da evitare. Fra questi spiccano la ricezione di voti negativi, strettamente connessa a scelte soggettive degli iscritti di Quora, la mancata gestione dei consigli migliorativi provenienti direttamente dai moderatori e, dulcis in fundo, la mancata possibilità di effettuare una verifica sull'identità personale. Per risolvere le suddette limitazioni, tieni conto sempre degli accorgimenti dati e connettiti a Quora utilizzando le tue credenziali Facebook.

Dov'è che interviene Quora nel fornirti aiuto nell'ottica di una valida strategia di marketing?

In qualità di utente attivo, Quora non ti fa di certo mancare il suo aiuto sia a livello di content marketing che in ambito SEO.

Nello specifico, è proprio la piattaforma online che ti permette di trovare gli argomenti più affini ai tuoi interessi. Quelli che per intenderci, puoi trattare meglio. Come? Quora ti consente di esaminare in primo luogo in modo accurato ogni quesito effettuato su un tema per cui nutri interesse e che di conseguenza può essere affine al tuo business. Sta a te controllare chiaramente i temi da passare in rassegna in tempi rapidi.

Sotto questo aspetto, può essere scelta saggia l'individuazione di quei quesiti con maggiori risposte e con un livello di interazione superiore alla media. Puoi ad esempio preparare un articolo su un quesito posto, pubblicarlo sul tuo sito internet o sul tuo blog personale, rispondere in maniera sintetica su Quora e indicando il link di riferimento come fonte di approfondimento. Come abbiamo già evidenziato, in ambito SEO, la strategia di link building a lungo andare si dimostra assai fruttifera. Sarà il tuo posizionamento su Google e sui restanti motori di ricerca ad andare incontro ad un netto miglioramento. Lo stesso discorso è valevole anche per ciò che concerne le condivisioni dei contenuti da te pubblicati sulle pagine social degli altri internauti. Cosa c'è di meglio d'altro canto in quanto a miglioramento del livello di interazione rispetto alle classiche condivisioni? E se nei tuoi contenuti, citerai altri utenti per stimolare un dibattito, costoro si sentiranno lusingati per l'interesse che hai palesato e ti permetteranno di analizzare ancora meglio l'argomento, sulla base di quella che è la loro prospettiva. In definitiva, se intendi osservare in modo diretto gli utenti con cui interagisci, Quora si rivela una piattaforma online per capire sin da subito qual è il sentiero da battere. Insomma, il top a livello di marketing.

La creazione di titoli accattivanti

Di metodologie per creare titoli che abbiano risalto agli occhi dei visitatori e che aumentino le visite da interrogazioni di ricerca ce ne sono di certo a iosa. Basa esaminare ad esempio i trend di ricerca e i suggerimenti di ricerca forniti da Google, al fine di avere una migliore panoramica sull'argomento. Lo stesso dicasi per il tool che consente di pianificare le keyword. Quora, dal canto suo, ti consente di passare ai raggi X le abitudini di ricerca degli iscritti e la loro modalità di effettuare quesiti online. Una volta interpretato il modus operandi dei tuoi lettori, risulterai di fatti maggiormente allineato alle loro preferenze e sarà per te assai più semplice interagire. Poco ma sicuro. Quando agisci in questo modo, inizia a chiederti quali sono le espressioni maggiormente adottate da chi ti legge e poi fa pure le tue logiche scelte.

Rivitalizza i tuoi post

Sempre nell'ambito di una strategia efficiente di marketing, tramite Quora puoi postare in svariate occasioni i post pubblicati sul tuo sito internet o gli articoli inseriti sul tuo blog. Ampliare gli utenti profilati e ottenere lead altamente qualitativi sarà solo una logica conseguenza se la tua reputazione online si manterrà alta nel corso del tempo e se i prodotti e i servizi che offrirai avranno elevati standard. Inoltre, in Italia, hai un vantaggio. Quora è uno strumento di nicchia. E si sa, nel campo del marketing, la nicchia premia quasi sempre.

Altro su Quora

Inoltre, Quora palesa la sua utilità anche nel momento in cui ti consente di trovare tutta una serie di spunti assai interessanti per la creazione di articoli da postare sul tuo sito web o ancora per imparare cose nuove da aziende o da professionisti esperti nel settore per cui nutri approfondito interesse. Perciò, diventa influencer su Quora, rispondendo ai quesiti ma al tempo stesso differenziandoti da altri potenziali opinion leader di settore. Naturalmente, non sei il solo a dire la tua su questa piattaforma online di condivisione della conoscenza e per farti apprezzare agli occhi degli iscritti, è opportuno anche sapersi differenziare dagli innumerevoli esperti. Riuscirai ad attirare l'attenzione di quanti più seguaci possibili per potenziare il tuo business? Sarai in grado di aumentare tramite Quora la notorietà del tuo brand? Sono queste alcune delle sfide che Quora ti propone. Per centrare appieno gli obiettivi che ti preponi, l'importante è essere costanti nel lungo periodo. Non esserlo, infatti, è solo sinonimo di perdita di tempo.

Conclusioni

Inizia a sfruttare al meglio Quora, una completa enciclopedia online, ideata appositamente per quegli utenti che hanno un dubbio e non sanno come affrontarlo e per quegli iscritti che a quesito preciso ricercano risposta precisa. Fa vedere a tutti quanto ne sai sul tema in cui sei esperto e sfrutta Quora al meglio per il tuo business online o per il tuo sito internet.

Disclaimer

Tutti i marchi registrati e loghi citati in questo libro, incluso Amazon, appartengono ai rispettivi proprietari.
L'autore di questo libro non pretende né dichiara alcun diritto su questi marchi, che sono citati solamente a scopi didattici.